진심의 사랑이
여러분이 만날
기적의 시작입니다

◆◆◆

어른의 품격을 채우는
100일 필사 노트

한 그루의 나무가 모여 푸른 숲을 이루듯이
청림의 책들은 삶을 풍요롭게 합니다.

어른의 품격을 채우는
100일 필사 노트

김종원 지음

100 Days of Transcription

청림Life

나는 나의 근사한 내일을 확신한다

대문호 괴테는 이렇게 말했다. "지금 하늘에서 별이 떨어진다면, 그건 내가 원했기 때문이다." 그는 주변에서 일어나는 모든 일을 스스로 제어할 수 있다고 생각했다. 아니, 그건 강력한 믿음이었다. 자신이 갖고 있는 능력에 대한 강력한 확신이 있다면, 우리는 무엇이든 해낼 수 있다.

그런 삶을 살기 위해 가장 필요한 게 바로 필사다. 중요한 건, 필사할 정도의 가치가 있는 글을 만나야 한다는 것이다. 《어른의 품격을 채우는 100일 필사 노트》는 바로 그런 글을 소개하고자 하는 마음에서 시작되었다. 그래서 20년이 넘는 시간 동안 꾸준히 사색하여 쓴 문장들 중에 가장 농밀한 것들만 모아 담았다. 그 힘을 경험하고 싶다면 아래 글을 한번 낭독하고 필사해 보라. 그럼 필사가 얼마나 가치 있는지 깨닫게 될 것이다.

지적 수준이 낮을 땐

주변에 온통 비난할 것들만 보인다.

좋은 것을 보고 싶어 노력을 한다고 해도,

시야를 넓히는 것은 의지로 해결할 수 없다.

주변에서 누군가 자꾸 부정적인 말만 하면서

분위기를 흐린다면 크게 신경 쓰지 마라.

그는 자신이 그런 상태라는 것을 모른다.

지적인 수준이 높아져야

그에 맞는 좋은 것들이 보인다.

그렇기에 필사가 필요하다.

세상에 이렇게 아름다운 게 많았다는 것을

하나하나 실감하며

경탄의 나날을 보낼 수 있기 때문이다.

딱 100일이면 충분하다. 하루에 하나씩 이 책의 글을 필사하고, 10일마다 나에게 던지는 Q&A를 작성해 보자. 당신은 이제 이전과는 전혀 다른 삶을 만나게 될 것이다. 그건 필사하는 자에게 찾아올 아름다운 숙명이다. 소중한 자신을 위해 더 나은 모습이 되어보자.

김종원

선을 넘지 않는 사람

언제나 선을 넘지 않고 나를 존중하는 사람이 곁에 있다면,

그를 평생 소중히 간직하라.

많은 사람들이 자꾸 선을 넘는 이유는

선이 어디인지를 몰라서가 아니다.

선을 넘지 않는 건 생각보다 많은 에너지가 필요한 일이라서,

수고를 들이는 대신 그냥 무시해 버리기 때문이다.

언제나 선을 넘지 않고 나를 존중하는 사람이 곁에 있다면,

그는 평생을 함께해야 할 소중한 사람이다.

나는 늙는 게 아니라 선명해지는 것이다

늙어가는 건 단지 시간의 흐름일 뿐이지
나의 쓸모가 없어지는 게 아니다.
쓸모란 죽는 날까지 스스로 찾는 것이니,
언제나 자신을 연구하고 관찰해야 한다.

좋은 성과나 온갖 결과는 아주 잠시 나를 기쁘게 할 뿐,
내가 나를 인정하고 박수 치는 것이 중요하다.
사람들이 나를 불러주지 않는다고 걱정할 필요는 없다.
누군가를 통한 순간의 쾌락이 아니라,
나 자신을 통해 영원한 기쁨을 얻어보자.
시간이 지나도 나의 색이 흐려지지 않고 선명해질 수 있도록
자꾸 타인의 평가에 의존하며 섞이려고 하지 말자.
나는 늙는 게 아니라, 선명해지고 있는 것이다.

설레는 마음으로 마흔을 초대하는 사람

시간이 날 때마다 자신을 돌아보라.

이런 성찰의 시간을 아깝게 생각하지 마라.

마흔은 이룬 게 없는 게 정상이니

주변의 모습에 흔들릴 필요가 없다.

또한 좋은 습관은 기적이라는 선물을 주니 늘 유지하자.

자꾸 증명하려고 하지 않아도 된다.

내 안에 있는 게 무엇인지 이미 다 알고 있으니,

굳이 그것을 타인에게 보여줄 필요는 없다.

마지막으로, 모두 다 내려놓으라는 세상의 말에 속지 말자.

자존감과 품격은 마흔의 소중한 자산이다.

남 탓을 자주 하는 사람을 멀리해야 하는 이유

무슨 일만 생기면 남을 먼저 탓하는 사람들이 있다.

변명과 핑계를 대며 쏙 빠져나가는 사람들은

그런 성향을 타고나서 그런 게 아니다.

상황을 객관적으로 분석할 수 없기 때문에

남 탓을 하며 상황을 모면하는 것이다.

안타깝게도 그들은 지성이 부족한 사람들이다.

그런 사람들의 주변에 있으면

나도 그들처럼 주변을 탓하는 사람이 된다.

지성 있는 어른이 되고 싶다면

습관적으로 남 탓을 하는 사람을 최대한 멀리 두고 지내자.

이제 우리에게는 느슨한 관계가 필요하다

잘 입지는 않지만 답답할 때 언제든 꺼내서 입으면

마음까지 편안해지는 '헐렁한 옷'처럼,

자주는 아니어도 가끔 만나면

참 좋은 '느슨한 관계'가 필요할 때가 있다.

마흔을 넘기면서 사람들은 많은 책임과 의무를 짊어지는데,

이때 느슨한 관계는 삶의 쉼표가 되어준다.

굳이 정기적으로 서로의 안부를 질문하거나,

관계 유지를 위한 노력을 하지 않아도 괜찮다.

삶의 모든 관계가 깊고 끈끈할 필요는 없다.

느슨하게 이어지면서도 따뜻하게 남아있는 온기가

우리의 인생을 풍요롭게 만들어준다.

자존감이 탄탄한 사람

절대로 타협하지 않는 자기만의 원칙이 있다는 것이

그 사람의 높은 자존감을 증명하지는 않는다.

오히려 반대로 자존감이 탄탄한 사람들은

필요하다면 자신의 원칙을 바꿀 준비가 되어있다.

엇나간 자존심은 자신을 상처 내기 쉽다.

원칙을 바꾸지 않는 것이 곧 자존감을 지키는 것이라고 착각하면

아무런 잘못도 없는 내 마음이 자꾸 힘들어지기 때문이다.

진짜 높은 자존감을 가진 사람은 타협이 가능한 사람이다.

세상에서 가장 근사한 인생을 사는 사람

누군가의 말이 상대의 단점만 찾아내는

'말꼬리 잡기'로만 들리는가?

또 다른 누군가의 말은 상대의 의견을

'멋지게 되받아치는 통쾌한 말'로만 들리는가?

그렇다면 자신의 내면을 깊숙이 잘 들여다볼 필요가 있다.

하나의 시각으로 세상을 보는 건,

눈을 한쪽만 뜨고 사는 것과 같다.

그러므로 누구도 맹목적으로 미워하거나

무조건적으로 신뢰해서는 안 된다.

세상에서 가장 근사한 인생을 사는 사람은

여기에서 저기를 드나들며 모두에게 배우는 사람이다.

희망을 버리지 않는 한 인생의 봄날은 반드시 온다

모두가 각자의 삶에서 힘겨운 싸움을 하고 있으니,

누구도 쉽게 미워하지는 말자.

나 역시 온종일 좀 더 나아지기 위해 분투했으니,

인생의 봄날이 온다는 사실을 의심하지 말자.

한 발 더 다가가서 바라보면 사랑스럽지 않은 사람이 없다.

나의 인생도 마찬가지다.

그러니 간혹 나 자신이 너무 싫고 미운 날에도

나를 굳게 믿고 사랑하며 살자.

단어와 문장이 만드는 단단한 나의 성장

내가 가장 자주 읽고 쓰는 단어와 문장들은

힘든 세상에서 나를 지켜주는 튼튼한 요새와 같다.

그러므로 쓸 만한 가치가 있는 단어와 문장을

최대한 많이, 그리고 자주 만나야 한다.

크고 단단한 기둥처럼 묵직하게 인생의 지혜를 담아낸 문장을

자신에게 매일매일 선물해야 한다.

그럼, 어제보다 내일이 더 기대되는 나로 성장할 수 있을 것이다.

내게는 단 한 명의 적도 없다

세상에는 당연히 나를 싫어하는 사람들이 있다.

하지만 그들은 나의 적이 될 수는 없다.

그들이 아무리 나를 싫어해도

나는 그들을 싫어하지 않기 때문이다.

적은 서로 미워할 때만 성립이 가능하다.

내가 그들을 미워하지 않는다면 우리는 적이 아니다.

오히려 나는 먼저 다가가 그들의 앞날을 축복해 준다.

그들이 있는 힘껏 나를 증오하고 마음껏 미워해도

나는 그들을 응원하니, 그 저주는 나를 스칠 뿐이다.

✦

살면서 절대로 잃지 말아야 할
가치는 무엇인가?

여행자의 마음으로

점점 나이가 들수록, 무엇이든 꿈꿀 수 있다는 말이
얼마나 근사한 일인지 가슴 아프도록 실감하게 된다.
"나라면 뭐든 할 수 있지!"
이런 젊은 날의 자신감은 안개처럼 사라지고,
"과연 내가 할 수 있을까?"
끝없는 의문만 파도처럼 몰려온다.
마흔이 지나고 변화의 물길은 더욱 빠르게 흐른다.

나는 이제 여행자의 마음으로 살아가려 한다.
현지인에게는 평범한 일상일 뿐이지만,
여행자에게는 모든 순간이 특별하게 느껴지지 않는가.
하루하루 여행하듯이 그렇게 인생을 살아볼 것이다.

실망 또한 당신의 선택

"그렇게 안 봤는데."

많은 사람들이 누군가에 대한 실망감을 이렇게 표현하곤 한다.

하지만 이는 자신의 안목 없음을 공표하는 것일 뿐이다.

상대는 자신을 그렇게 봐달라고 강요한 적이 없다.

그 사람을 그렇게 보고 실망한 건,

처음부터 끝까지 나의 선택이었다.

앞으로는 지혜로운 선택을 할 수 있도록

좀 더 깊게 그리고 여러 번 생각하는 습관을 갖자.

아무에게나 기대하지 마라

"내가 늘 너의 내일을 기대하고 있어."

이런 말을 듣게 되면 누구든 기분이 좋다.

기대는 귀한 감정이라서 아무에게나 주면 안 된다.

나의 기대를 받을 정도로 가치가 있는 사람에게만

선물처럼 소중하게 줘야 한다.

물론 서툰 기대는 후회를 부를 뿐이다.

하지만 사람을 성급하게 판단하지 말고,

하나하나 마음에 담으며 천천히 바라보면 착오가 없다.

자신의 기대를 받을 정도의 그릇이 되는 사람을

알아볼 수 있기 때문이다.

가장 좋은 친구

젊을 때는 내 마음을 알아줄 좋은 친구가 필요하지만,

중년 이후에는 내 마음을 알아줄 좋은 내가 필요하다.

이제 나는 내게 가장 좋은 사람이어야 하고,

힘들고 지친 나를 안아줄 넓은 마음의 소유자여야 한다.

내가 나를 안아줄 수 없다면,

내가 나의 품이 되어줄 수 없다면,

그 인생은 너무나 외로울 것이다.

원하는 인생을 살고 있는 사람의 눈빛을 찾아라

인간의 눈빛은 아주 많은 것들을 담고 있다.

한 사람의 눈빛을 보면,

그가 평생 써온 언어의 수준이 그대로 보인다.

세상에는 그저 보기만 해도 지적인 눈빛이 있다.

그들이 자주 쓰는 언어를 일상에서 따라 하면

어느새 지적인 눈빛을 하고 있는 나를 만나게 된다.

내가 원하는 인생을 이미 살고 있는 사람을 찾자.

그리고 그의 곁에 오래도록 머무르며,

닮고 싶은 눈빛과 인생을 내 마음에 담자.

참견하고 싶은 욕망을 눌러라

다른 사람의 인생과 그가 내린 결정에

함부로 간섭하는 건 참 위험한 일이다.

우리가 할 수 있는 건 그저 귀담아듣는 것 하나뿐이다.

소중한 사람일수록 더욱 귀 기울여야 한다.

간섭한다는 것은 누군가가 내린 결정의 가치와

그가 투자한 노력을 가볍게 보는 행동이다.

"다 너를 위해서 그런 거야."

"나니까 이런 조언을 하지."

이런 말들은 사실은 참견하고 싶은 나의 욕망에서 비롯된 것이다.

누군가 바르게 살기를 원한다면,

내가 먼저 바르게 사는 모습을 보여주면 된다.

세상에서 가장 외로운 사람

누군가와 항상 좋은 관계를 유지해야 한다는 강박을 버리자.

지금의 친한 사이가 계속된다는 보장도 없고,

그래야 할 이유도 없다.

시기와 시절에 따라 내가 만나는 사람은 달라진다.

성숙한 관계를 유지하는 사람들은 평소에는 각자의 삶에 몰입하고

서로가 보고 싶을 때 편안하게 만난다.

나이 들수록 깨닫게 될 것이다.

세상에서 가장 좋은 벗은 나 자신이라는 사실을.

누구보다 나를 자주 만나는 사람이 되자.

늙어서 가장 외로운 사람은 친구가 없는 사람이 아니라,

혼자 있지 못하는 사람이다.

표현할 수 있는 만큼 느낄 수 있다

음식이나 와인의 맛을 느낀 대로 선명하게 표현할 수 없는 사람은

아무리 근사한 음식과 와인을 즐겨도

그 감흥을 온전히 느낄 수 없다.

우리는 느낀 만큼 표현할 수 있는 게 아니라,

표현할 수 있는 만큼 느끼기 때문이다.

이건 매우 중요한 인생의 진리다.

말과 글을 활용해 다채롭게 표현하지 못하는 사람은

늘 지루하고 무기력한 일상을 살지만,

반대의 경우에는 매일 성장할 수 있다.

뭐든 표현할 수 있어야 그 가치를 느끼고 배울 수 있다.

집착을 버릴 때 어른의 삶은 시작된다

어른이 된다는 건, 바꿀 수 없는 것들에

더 이상 집착하지 않는 마음의 여유가 생기는 것이다.

젊은 날에는 의지만으로 세상을 바꿀 수 없음을

알면서도 집착을 버리지 못한다.

집착에서 벗어나려면 마음의 여유가 필요하다.

어른의 삶을 사는 사람들은

세상을 그림 감상하듯 바라보며 산다.

그럼 사소한 것에 신경을 빼앗기지 않고,

기약 없는 것에 시간을 소모하지 않을 수 있다.

무슨 일을 하든
가장 강력한 귀인은 나 자신이다

업계에 있는 사람들과 친목을 잘 다져야

일이 잘 풀린다고 생각하는가?

대부분의 일은 그렇게 흘러가지 않는다.

이익이 달린 일 앞에서 단순히 친하다고,

자주 만난 사람이라고 끼워주는 경우는 거의 없다.

오직 그 일을 잘 해낼 사람을 찾기 때문이다.

어떤 업계에서 무슨 일을 하든

남에 대해서 잘 아는 사람이 아니라,

자신의 수준과 방향에 대해서

잘 알고 있는 사람이 성장할 수 있다.

나를 도울 가장 강력한 귀인은 나 자신이다.

✧

**나는 꿈을 위해서
어떤 노력을 하고 있는가?**

지혜롭게 사람을 보는 5가지 태도

지혜로운 사람은 늘 차분하게 상대를 지켜보며
그의 말과 행동을 관찰한다.
그 사람의 언어와 행동이 곧 그 사람의 수준을
선명하게 보여주기 때문이다.

1. 아무리 좋은 의도라도 비속어가 있다면 거른다.

2. 타인의 장점을 못 보는 사람은 웬만하면 거리를 둔다.

3. 늘 비난만 하는 사람의 말은 참고하지 않는다.

4. 편향적인 사람의 의견은 참고할 필요가 없다.

5. 감정의 변화가 큰 사람은 오랫동안 차분히 지켜본다.

모든 사람의 연습은 다 같지 않다

'이따 1시간 정도 하면 되겠지'하고

딴짓을 하면서 지금 해야 할 일을 미룬다면

원하는 결과를 이루지 못할 가능성이 높다.

'23시간' 내내 지금 꼭 해야 할 일에 집중해야

중요한 '1시간'을 어떻게 투자해야 하는지 깨달을 수 있다.

연습이라고 해서 다 같지 않은 이유가 바로 여기에 있다.

24시간을 투자해서 찾은 효율적인 연습과

아무런 준비 없이 바로 시작한 연습은

완전히 다른 결과를 낼 수밖에 없다.

개인의 격차가 벌어지는 것은 바로 이 때문이다.

나를 찾아가는 여정

인간은 나이 들면서 변하는 게 아니라,

점점 자신의 본래 모습을 찾아가는 것이다.

내가 무엇을 좋아하고, 무엇을 싫어하는지,

어떤 상황에 취약하고, 어떨 때 강한지를 알게 된다.

인생은 진정한 나를 발견해 나가는 긴 항해다.

내가 변한다고 생각하지 말고, 나를 찾아가고 있다고 생각하자.

마음이 단단한 사람들은 나쁜 것을 스칠 줄 안다

누가 내 험담을 했다는 것을 알았을 때,

보통은 '내가 뭘 잘못한 게 있었나?' 하고

생각하며 자신의 말과 행동을 돌아본다.

그건 자신의 내면을 파괴하는 나쁜 선택이다.

타인이 못된 짓을 했는데

왜 애꿎은 자신을 괴롭히는가.

타인이 내 험담을 했을 땐,

'그렇게 생각하는구나' 하고

생각하며 지나가는 게 가장 지혜롭다.

나도 언제나 틀릴 수 있다

진실을 원하고 추구하는 사람이 많았다면

우리가 사는 세상이 둘로 나뉘어 서로 싸우는 일은 없었을 것이다.

사람들은 모두 자신이 아는 것을 진실이라고 주장한다.

자신이 지은 상상의 집이 파괴되는 것을 원하지 않기 때문에

진실이 무엇인지 알려줘도 듣지 않고

그저 자신이 하고 싶은 이야기만 반복한다.

나 역시 언제나 틀릴 수 있다는 사실을 명심하자.

그래야 앞으로 내가 무엇을 보고 살아야 하는지,

무엇을 배워야 하는지,

무엇을 말해야 하는지를 알 수 있다.

생각하는 사람은 화를 내지 않는다

문제가 생길 때마다 습관처럼 화부터 내는 사람들은

자신이 생각하지 않고 산다는 사실을 매 순간 증명하는 것이다.

화가 많은 사람은 사실 생각이 없는 사람이다.

생각하는 사람은 무턱대고 화를 내지 않는다.

어떤 일이 생기든 그건 화를 낼 근거가 아니라,

더 깊이 생각해야 할 신호라고 생각하기 때문이다.

그러므로 화가 많은 삶에서 벗어나고 싶다면

생각하는 훈련을 시작해야 한다.

그 누구보다 나를 믿어주는 사람

세상이 나를 지지하고 격려하기 전에는

오직 내가 나를 믿는 수밖에 없다.

가장 외롭고, 치열하고, 또 앞이 보이지 않는

그런 나날을 보내고 있는 자신을 바라보자.

모든 건 잘되고 있으며 나는 너만 믿고 있다고,

자신에게 다정한 말로 사랑을 전해보자.

그 누구보다 나를 믿어주는 사람은 나 자신이어야 한다.

인생을 후퇴시키는 말

나이가 들면 자꾸 자기 생각을 강요하거나

상대방을 설득하려고 한다.

하지만 그런 행동은 오히려 자신을 보잘것없이 만들 뿐이다.

상대를 존중하는 듯하지만 실상은

본인이 하고 싶은 말인 대표적인 표현들이 있다.

"그것도 맞지만."

"네 말은 알겠어. 하지만."

"그렇지만."

이렇게 분쟁만 부르는 표현은 최대한 자제하고

다른 표현을 자주 사용하자.

"맞아요. 당신 말이 맞습니다."

말의 품격을 지키는 7가지 원칙

1. 들을 가치가 있는 말만 하기

2. 남의 단점에 대해서 언급하지 않기

3. 옛날 이야기는 집에서만 하기

4. 자식 자랑은 적당한 선에서 멈추기

5. 말을 하고 싶다는 욕망을 제어하기

6. 확실하게 확인한 것이 아니면 침묵하기

7. 거듭해서 충분히 생각해 본 뒤에 말로 내뱉기

필사할 때마다 우리는 삶의 변곡점을 만난다

생각이 달라지면 일상도 달라진다.

그러니 내 목표를 이룰 수 있도록

긍정적인 생각을 담은 문장을 찾아보자.

그 문장을 차분하게 낭독하고 마음에 새기며 필사해야 한다.

자주 무기력해지고 외로운 사람도

이 과정을 통해 차츰 일상을 바꿀 수 있다.

처음에는 변화가 느껴지지 않겠지만

점점 자연스럽게 생각이 스며들어

나의 관점과 행동도 바뀔 것이다.

나의 인생에서 지금까지
없었던 것은 무엇인가?

쉬워 보이는 게 사실은 가장 어렵다

누군가 하는 일이 쉽게 보인다면 이유는 둘 중 하나다.

아직 내가 해본 일이 아니거나

상대방의 실력이 매우 뛰어나거나.

모두에게 인정받는 대가인데

그가 하는 모든 것이 쉽게 보인다면,

수많은 시간과 노력이 겹겹이 쌓여있어서 그렇다.

마치 누군가 쓴 글이 쉽고 자연스럽게 읽혀서

'이런 건 나도 쓰겠다'라고 생각했으나,

막상 글쓰기를 시작하면 어렵게 느껴지는 것과 비슷하다.

쉬워 보인다고 쉽게 판단하지 말자.

글쓰기를 발전시키는 법

"똑똑한 사람보다 지혜로운 사람이 좋다."

누군가 자신의 SNS에 이런 내용의 글을 썼다면

이건 무엇을 의미하는 걸까?

책'만' 많이 읽은 사람에게 큰 실망을 했다는 증거다.

이런 글에는 적개심만 느껴지고 깨달음은 전혀 찾을 수 없다.

분노를 담으면 글쓰기는 발전하기 어려워진다.

나쁜 감정을 덜어내야 깨달음을 주는 문장을 쓸 수 있다.

"책을 많이 읽으면 똑똑해지고,

아는 것을 실천하면 지혜까지 얻게 된다.

나는 읽어서 아는 삶에서 벗어나

일상의 실천으로 지혜까지 얻을 것이다."

다정한 말은 수준 높은 지성의 산물이다

보통 마음의 결이 맞는 사람과 만나야 편안하다고 말한다.

'마음의 결'은 '언어의 결'이라고 볼 수 있다.

나의 마음은 나의 언어로만 상대방에게 전할 수 있기 때문이다.

그래서 다정한 말은 수준이 높은 사람에게서만

기대할 수 있는 고귀한 가치다.

빠르게 말하려는 마음, 정답만 말하려는 마음,

그리고 남을 평가하려는 마음을 접으면

조금 더 고운 언어의 결을 가질 수 있게 된다.

DAY
034

내일이 기대되는 삶을 사는 5가지 습관

마흔 이전에는 타고난 재능과 열정으로

어떻게든 버텨볼 수 있지만,

마흔 이후에는 좋은 습관으로 다진

단단한 철학이 있어야 기대되는 삶을 살 수 있다.

1. 나에 대한 나쁜 이야기는 듣는 즉시 잊어버리기

2. 매일 아침마다 풀어야 할 고민을 하나 품고 집 밖을 나서기

3. 좋은 글을 보거나 생각나면 바로 메모하기

4. 정답이 아닌 상대의 마음에 닿는 말을 들려주기

5. 못한다고 망설이지 말고 계속해서 도전하기

나의 언어 수준이 곧 삶의 수준이다

세상의 기준에서 가난은 물질적으로 부족한 것을 의미한다.

그러나 진정한 가난은 물질적인 것이 아니라

사람을 대하는 태도와 인생을 대하는 가치관에 달려있다.

한 사람의 태도와 가치관은

인생의 풍요로움에 가장 결정적인 영향을 미친다.

분노와 질투, 비난과 혐오만 가득한

낮은 수준의 언어는 우리를 가난하게 만든다.

내가 매일 내뱉는 언어가

내가 살아갈 삶의 수준을 결정한다.

인생에서 '나중에'를 지워라

시간이 없다는 이유로 어떤 일을 하루 미루면,

단지 하루만 지나가는 것으로 끝나지 않는다.

시간은 자신을 배신한 사람에게 늘 그 이상의 복수를 한다.

하루를 미루려고 하면 어느새 한 달이 지나가게 하고,

일주일을 미루려고 하면 일 년이 지나가 버리게 만든다.

인생을 효율적으로 살고 싶다면

'나중에'를 인생에서 지우는 것이 우선이다.

지금 해야 하는 일을 지금 하는 것,

그것 하나만으로도 우리의 인생은 충분히 발전할 수 있다.

DAY 037

더 이상 자신을 구석에 방치하지 마라

"나는 왜 이렇게 태어난 걸까?"

"나도 저 사람처럼 당당하게 나를 외치고 싶다"

이렇게 읽기만 해도 무기력해지는 고민들은 당장 버려야 한다.

하루하루 자신을 대하는 태도가 모여,

그 사람의 성격이 결정된다.

누가 봐도 멋진 성격의 소유자가 되고 싶다면

오늘부터 나에게 이런 말을 들려주자.

"나는 남들과 다르고, 달라서 특별하다.

나는 내가 가진 것을 잃지 않고,

고스란히 세상에 전하며 살아갈 것이다."

언제든, 무조건, 당신이 옳다

우리는 일상에서 다른 사람들의 기분을 과도하게 살피곤 한다.

이제 그 사람의 기분은 그 사람에게 맡기도록 하자.

남들의 기분을 살피느라 정작 내 기분을 돌보지 못한다면,

나를 망치고 관계까지도 엉망으로 만드는

최악의 결과를 만나게 된다.

타인과 원활하게 소통하고 싶다면 가장 먼저 나를 돌봐야 한다.

그 누구보다 나를 가장 신경 쓰는 하루를 살아보자.

내 기분이 상하지 않도록,

자신에게 따뜻한 말을 들려주며 하루를 보내자.

DAY
039

매일 잠들기 직전에 나에게 던져야 할 9가지 질문

1. 오늘 하루에 만족하는가?

2. 나를 충분히 응원하고 격려했나?

3. 같은 실수를 반복했나?

4. 어제와 무엇이 달라졌나?

5. 누구를 이기기 위해서 싸우고 있지는 않은가?

6. 나를 지키기 위해 무엇이 필요한가?

7. 오늘은 무엇에 대해서 메모를 했나?

8. 내일 가장 먼저 무엇을 할 것인가?

9. 나는 내일 무엇을 바꿀 것인가?

DAY 040

남을 바꾸지 말고 나를 바꿔라

우리는 자신은 바꾸지 않으면서,

자꾸만 타인을 바꾸려고 한다.

내가 "저 사람을 어떻게 고쳐 쓸 수 있을까?" 하고

누군가를 바라보고 있을 때

그 사람도 같은 생각을 하며 나를 바라볼 것이다.

대부분의 사람은 서로를 고치려고 할 뿐,

자신을 고치려고 하지는 않는다.

하지만 나이가 들면 가장 먼저 변화에 적응한 자가

끝까지 살아남게 된다.

남을 바꾸려고 할 시간에 나를 열 번도 넘게 바꿀 수 있다.

내가 한 번 바뀌는 것이 남이 열 번 바뀌는 것보다

훨씬 더 가치 있는 일이다.

아침에 일어났을 때
어떤 이미지를 떠올리는가?

자책은 나에게 벌을 내리는 것과 같다

우리는 어릴 때 어른들에게 벌받는 것을

그렇게 싫어해 놓고,

정작 아무도 벌을 주지 않는 나이가 되었을 때

엉뚱하게도 스스로 벌을 준다.

그건 바로 '자책'이다.

내가 잘못했다는 사실을 인지하는 것만으로도 충분한데

왜 자신을 괴롭히며 마음을 할퀴는가.

자책으로 소중한 내 몸과 마음에 상처를 내지 말자.

나는 나를 믿어주고 또 지켜야 할 의무가 있다.

우리가 자신에게 줘야 할 건, 벌이 아닌 굳은 믿음이다.

'나이답게'가 아니라 '나답게' 살아야 진짜다

나이가 들수록 뭔가 달라져야 한다는 생각에

가끔은 센스 있는 척을 해보고,

할 말은 꼭 하는 사람인 척도 해보고,

차분한 사람인 척 살아보기도 했지만,

척을 하며 살았던 순간 속에 답은 없었다.

실수해도 나인 게 좋고, 바보 같아도 나인 게 자유롭고,

수준이 낮아도 나인 게 아름답다.

다른 존재로 자신을 치장하거나 꾸미지 말자.

내가 나일 때 인생은 가장 아름다우니까.

내 방식으로 재해석하라

바르게 사는 것과 현명하게 사는 것은 전혀 다른 이야기다.

바르다는 건 '세상의 기준'에 맞춘 것이고,

현명하게 사는 건 세상의 기준을 고려해 본 뒤에

'나만의 기준'을 세우는 것이다.

자신의 방식으로 사는 사람들은

세상의 기준에 크게 휘둘리지 않는다.

자신에게 맞는 기준이 이미 존재하기 때문이다.

세상의 기준을 따르는 사람은 흔들리며 살 수밖에 없다.

마흔 이후에는 나만의 기준으로 사는 것이 중요하다.

이젠 흔들릴 시간이 아깝다.

후회할 필요가 없는 이유

과거에 내가 저지른 선택과 행동을 후회하는 건

그저 시간 낭비에 불과하다.

우리는 언제나 그날의 최선을 다하며 산다.

지금 후회하는 과거의 어느 날에도

그날 할 수 있는 최선을 다했을 것이다.

최선을 다했던 과거의 나를 힘들게 하지 말자.

나는 가진 능력 이상으로 잘해야 할 필요가 없다.

그저 지금 최선을 다한다면, 그걸로 충분하다.

사정이 좋을 땐 누구나 친절하다

넉넉한 환경에 있을 땐 뭐든 나눌 수 있다.

내가 가진 것을 포기하고 양보도 할 수 있다.

하지만 인간의 수준은 최악의 상황에서 드러난다.

내면의 수준이 높은 사람은 사정이 좋을 때나 나쁠 때나

사람을 대하는 태도가 거의 변하지 않는다.

그들은 사정에 따라서 기분을 바꾸는

수준 낮은 선택을 하지 않는다.

꾸준하게 자신을 유지한다는 게

얼마나 어려운 일인지 아는 사람은 안다.

그것을 지금부터 시작하면 살아갈 일상의 수준이 달라진다.

그 사람의 언어를 차분히 감상하라

어떤 사람이 자신의 목표를 말할 때,

사용하는 언어를 차분히 매만지듯 들어보면,

그가 어떤 사람인지 구분할 수 있다.

1. 진짜로 할 수 있을 것 같은 사람

2. 어쩌면 해낼 수도 있을 것 같은 사람

3. 능력이나 열정 없이 말로만 외치는 사람

4. 영혼 없이 일단 한번 질러보는 사람

아무리 강렬하게 말해도 실제로 능력이 없다면,

굳이 그에게 무언가를 기대하며

아까운 내 시간을 소비하지 않는 게 좋다.

오래 망설이면 기회는 사라진다

'좀 더 나중에, 지금은 아니야.'

우리는 늘 선택 앞에서 망설인다.

하지만 대부분의 일은 시간이 지나면

아예 선택할 기회조차 사라지게 된다.

소중한 기회는 당신의 선택을 기다려주지 않는다.

그것을 먼저 알아본 사람들이 재빠르게 가져가므로

순식간에 사라지기 마련이다.

그러니 우물쭈물 망설이면서 시간을 낭비하지 말자.

기회가 있을 때, 적극적으로 손을 뻗어 잡자.

글이 될 수 있는 삶을 살아라

놀랍게도 소크라테스는 따로 글을 써서 책을 남긴 적이 없다.

현재 전해지는 대부분의 기록은

제자 플라톤을 통해서 이루어진 것이다.

말과 행동이 일치했던 스승을 깊이 존경했기에 가능한 일이었다.

좋은 글을 쓰기 위해서는 먼저 좋은 삶을 살아야 한다.

결국 좋은 글을 쓰는 방법은 간단하다.

글로 보여주고 싶은 그 인생을 지금부터 살자.

글은 일상이라는 연필로 쓰는 것이다.

계속 참지 말고 차분하게 표현해야 한다

아무리 내가 좋아하는 사람이라고 해도

그가 내게 자꾸만 선을 넘는 말을 한다면

차분한 말투로 분명하게 경고해야 한다.

이때 중요한 건 말보다는 태도다.

차분한 말투와 행동은 정중한 느낌을 주므로

상대방이 느끼는 거부감을 최소한으로 줄일 수 있다.

선 넘는 말들을 자꾸 참고 넘기다 보면

결국 나쁜 감정이 모여서 폭발하게 되는데,

그럴 때는 차분한 태도를 보이기 어렵다.

참을수록 상황만 나빠질 뿐이니,

상대가 선을 넘는다면 참기보다는

차분하게 생각을 전달하도록 하자.

나이 들수록 누군가를 이해하게 된다

'도망쳐서 도착한 곳에 천국은 없다.'

젊을 때는 고개를 끄덕이며 멋진 표현이라고 생각하지만,

인생을 살수록 의문을 갖게 된다.

'과연 그가 천국에 가려고 도망을 쳤을까?'

천국을 목적지로 정하고 떠나는 사람은 별로 없다.

대부분 그저 지금 있는 곳이 너무 끔찍해서,

견딜 수가 없어서 도피한 것이다.

나이가 들어서 좋은 점은 조금이나마 누군가의 상황을

더 넓은 시야로 이해하게 된다는 것이다.

나는 나에 대해서
어떻게 말하고 있는가?

DAY
051

받은 만큼 돌려주는 사람

준 것 이상을 돌려주는 사람은 이 세상에 많지 않다.

대부분의 사람들은 받은 것보다 덜 주려고 하고,

어떤 이들은 아예 주지 않으려 한다.

만약 내가 해준 만큼이라도 돌려주는 사람이 있다면,

그는 좋은 친구가 될 수 있는 소양을 가진 사람이다.

당신을 향한 질투는 매우 소중한 감정이다

사람들은 누군가의 성공을 2가지로 구분한다.

하나는 부럽다는 생각이 들 정도의 성공,

나머지 하나는 대단한 게 아니라서

그냥 무시해도 될 정도의 성공이다.

그러니 주변 사람들이 당신을 질투한다면 오히려 기뻐하면 된다.

당신이 대단한 결과를 만들었다는 의미인 것이다.

질투의 시선은 아무나 받을 수 없다.

넘볼 수 없는 결과를 만든 이에게만 주어지는 최고의 칭찬이다.

기운을 빠져나가게 만드는 사람의 5가지 특징

1. 이유를 설명하지 않고 계속 피식피식 웃는 사람

2. 누군가가 말할 때 습관적으로 반박하는 사람

3. 귓속말을 하면서 비웃는 표정을 하는 사람

4. 감정의 기복이 심하고 그것이 반복되는 사람

5. 눈빛에서 좋은 마음이 전혀 느껴지지 않는 사람

나이를 먹어도 인생은 어렵다

어른이 되었지만 여전히 인생은 알 수 없다.

돈도 충분하지 않고 명예나 지위는 물론,

마땅한 경력도 없다고 느껴져 힘들 때가 있다.

아무리 나이가 들어도 혼자 있을 땐 여전히 외롭다.

어른이 되면 하고 싶은 것만 하면서 살 거라고 생각했는데,

오히려 하기 싫은 것만 치열하게 하면서 살고 있다.

배우자와 눈빛만 봐도 통하는 사이가 될 줄 알았지만,

살면 살수록 이해할 수 없는 미지의 존재일 뿐이다.

앞만 보며 살았는데, 살아보니 그게 앞이 아니었다.

그러나 그럼에도 살아가는 거다.

세상에 쉬운 인생은 없는 거니까.

내가 걸어온 모든 길은 비록 완벽하진 않지만

최선을 다해 걸었기에 의미가 있는 것이다.

인간은 누군가를 존중하려고 태어났다

"내가 너 그거 하나는 인정한다."

보통 이 말은 사람들 사이에서 긍정적으로 사용되곤 한다.

하지만 자존감이 높고 상대를 존중할 줄 아는 사람은

'인정한다'라는 표현을 사용하지 않는다.

그 속에는 미묘한 우월감과 평가의 태도가 담겨있기 때문이다.

'인정'이라는 말은 애초에 위에서 아래를

내려다보는 시선과 지적하려는 마음이 담겨있다.

우리는 서로를 평가하거나 인정하려고 태어난 것이 아니라,

경탄하고 존중하려고 태어났다는 사실을 인지하자.

"너의 그런 면이 참 대단하다고 느낀다."

"너의 노력에 정말 감탄했다."

상대를 진정으로 존중한다면 이렇게 표현해 보자.

내 시간은 나를 위해서 써라

습관적으로 화를 내는 사람들은 자신이 늘 옳다고 생각하며,

사사건건 모든 것에 지나치게 예민해서

주변을 언제나 전쟁터로 만든다.

그런 사람과는 한 공간에 머무는 것만으로도 엄청난 손해다.

오로지 나를 위해서 시간을 쓰기에도 부족하기 때문이다.

금전적인 문제가 걸려있어도 벗어나야 한다.

인생을 멀리 바라보면 돈을 잃는 것보다,

내 시간을 잃는 게 더 큰 손해다.

최선의 답은 내 안에 있으니, 누구에게도 묻지 마라

물이 들어올 때 노를 젓는 건 너무 늦다.

강한 노력과 의지로 결국 원하는 인생을 사는 사람들은

24시간 내내 노를 젓고 있다.

물이 들어오든 아니든, 그저 자신의 하루를 불태우는 것이다.

늘 준비하는 마음으로 사는 사람은

물이 들어오면 누구보다 빠르게 앞으로 나갈 수 있다.

중간에 어떤 시련을 만나도

평소에 노를 저으며 키운 탄탄한 실력으로

멋지게 이겨내며 원하는 곳까지 갈 수 있다.

지성의 끝에 인내가 있다

인내는 최고의 지성인만이 가질 수 있는 능력이다.

무언가 인내한다는 것은

지성의 끝에 도달했다는 사실을 의미한다.

힘이 들지 않아서, 혹은 타고나서 인내하는 것이 아니라,

죽도록 힘들어도 그 끝에서 마주할 아름다운 결과가

눈에 보이기 때문에 참을 수 있는 것이다.

그러니 참고 견디는 자를 곁에 두라.

그럼, 지성이 무엇인지 깨닫게 될 것이다.

슬픔과 분노를 지우는 7가지 말

1. 나는 열심히 한 나를 자책하지 않는다.

2. 내 모든 시간은 충분히 가치 있었다.

3. 나는 차분한 마음을 유지할 수 있다.

4. 사는 것 자체가 행운임을 잊지 않는다.

5. 타인의 소리는 단지 의견에 불과하다.

6. 결정은 오직 나만 할 수 있다.

7. 혼자 있는 시간을 즐길 수 있다.

배움은 실천으로 완성된다

물음표 없이 느낌표만 있다면 진정한 배움이 일어나기 어렵다.

무언가를 하나 배웠다면 그 안에서 무언가를 느껴야 하고,

스스로 질문을 던진 뒤, 삶에서 실천하며 답을 찾아야 한다.

그래야 비로소 자신의 것이 된다.

그런 과정을 거치지 않는다면

아무리 배워도 조금도 나아질 수 없다.

진정한 배움은 묻고 답하고 실천함으로써 완성된다.

느낌표와 물음표 사이를 오가며 살아야 한다.

나의 부족한 부분은 무엇이고,
그것을 채우려면
어떻게 해야 하는가?

시작하기 전에 의미부터 찾지 말자

무엇이든 잘하는 방법은 매우 간단하다.

의미 있는 일을 하는 방법 역시 마찬가지다.

지금 무엇을 하든 그 일에만 집중하고

그 일을 끝까지 해내자.

그럼 사람들은 당신이 해낸 일을 관찰하며,

자신이 찾은 의미가 무엇인지 알려줄 것이다.

일을 해내는 건 끝까지 실천하는 자의 몫이고,

그 일의 의미를 찾는 건 지켜보는 자의 몫이다.

너무 많은 생각은 고민으로 굳어질 뿐이다.

그저 나의 일에 몰입하면, 의미는 세상이 알아서 찾아준다.

아래를 보며 위로받는 삶에서 벗어나야 한다

내 삶이 힘들다고 해서

비교를 통해 마음의 안정을 찾으려는 시도는

좋지 않은 결과를 만들 뿐이다.

누군가 나보다 더 힘들게 산다고 해서

나의 힘듦이 사라지는 건 아니기 때문이다.

각자의 고통은 상대적인 것이 아니라,

개인의 인생 안에서 절대적이다.

우리는 모두 고유한 삶의 무게를 지고 산다.

극복의 시작은 타인과 나의 고통을 비교해 보는 것이 아니라

나의 고통을 마주하고 받아들이는 것에서 비롯된다.

나에게 다가오는 사람들을 살펴보자

나에게 호감을 느끼며 다가오는 사람의 수준과 태도가

곧 나의 수준과 태도를 증명한다.

인간은 서로 닮은 사람에게 끌리기 때문이다.

그러므로 좋은 인연을 만나지 못한다고

자신의 처지를 여기저기 하소연하는 모습은 좋지 않다.

그건 자신의 낮은 수준과 태도를

주변에 광고하는 것일 뿐이다.

혼자 설 수 있어야 둘일 때 더 행복하다

결혼이 외로운 삶의 탈출구가 될 것이라는 믿음은

우리가 흔히 하는 착각 중 하나다.

지혜로운 사람은 반대로 생각한다.

결혼은 외로움에서 벗어나려고 하는 게 아니라,

외로움을 견딜 수 있는 사람이 선택할 수 있는 것이다.

그 정도로 내면이 단단한 두 사람이 만날 때

결혼 생활은 행복할 수 있다.

이것을 모르면 부부가 서로에게 끊임없이 화내며

결혼 생활을 하는 내내 후회하게 된다.

버티는 삶을 수준 낮은 삶이라고 생각하지 마라

버틴다는 건 아무것도 하지 않고 정체된 상태가 아니다.

또한 착취를 당하거나 굴욕적인 것도 아니다.

누구보다 적극적으로 삶에 대항하고 성장을 위해

자신의 시간을 가장 값지게 활용하는 행위다.

있는 힘껏 버티는 동안 우리는 삶의 의미를 깨달을 수 있다.

버티고 또 버티며 살아남는 나만의 방법을 찾게 된다.

바닥까지 무너지더라도 모멸감을 느끼지 말자.

때로는 그저 버티는 것, 그 자체가 인생의 답인 경우가 있다.

어제보다 오늘 더 빛난다면 충분하다

세상에는 아무리 최선을 다해도 해낼 수 없는 것들이 있다.

내 능력이 닿지 않는 일이 세상에 있기 마련이고,

온갖 노력을 해도 원하는 결과를 내지 못할 때가 있다.

그래도 실망하지 말고 할 수 있는 것을 하자.

내가 가진 최고의 재능은 최선을 다하는 마음이니까.

어떤 고난이 와도 그 재능만은 잃지 말자.

나는 점점 나아질 것이다

매일 나의 바닥을 본다는 건,

내가 무너지고 있다는 사실이 아니라

그럼에도 불구하고 도전하고 있다는 증거다.

아무것도 아닌 시간은 없다.

지금도 나는 나를 단련하고 있다.

눈물 나도록 어려운 시기지만, 나 자신을 믿기에 견딜 수 있다.

실패한 것 하나하나에 의미를 부여하지 말자.

이제 나는 잘될 일만 남았으니까.

진짜 읽고 쓸 줄 아는 사람은 소수다

읽을 줄 아는 사람은 많지만

무엇을 읽어야 하는지 아는 사람은 적고,

쓸 줄 아는 사람은 많지만

무엇을 써야 하는지 아는 사람은 적다.

무엇이든 그저 할 줄 아는 사람은 많지만,

무엇을, 왜 해야 하는지 아는 사람은 극소수다.

지식을 갖추었어도 그 가치를 잘 모른다면,

어떤 곳에도 쓸 수가 없다.

나는 그저 지식을 담기만 하는 사람인가,

아니면 지식의 가치를 제대로 알고 있는 사람인가.

자신의 모든 감각을 깨울 수 있어야
자유를 즐길 수 있다

보고, 듣고, 느끼는 과정은 매우 소중하다.

그 3가지 과정을 제대로 하지 않으면,

삶의 의미를 찾지 못한다.

살아도 사는 게 아닌 무가치한 인생을 반복하며

지루한 하루를 보내고 싶지 않다면,

다음 3가지 질문을 사는 내내 잊지 말자.

1. 이건 대체 어떤 의미가 있는 걸까?

2. 사람들이 쉽게 이해할 수 있으려면 어떻게 설명해야 할까?

3. 내가 발견한 의미를 하루에 적용하려면 어떻게 해야 할까?

그 누구보다 위해야 할 사람

나는 나에게 다정한 사람이며,

어떤 비난에도 흔들리지 않는 단단한 내면을 가진 사람이다.

나는 나의 단점이 아닌 장점을 찾는 사람이며,

내 안에 녹아있는 좋은 것들을 관찰하고 연구하는 사람이다.

나는 나 자신을 위해 울 수 있는 사람이고,

누구보다 나를 더 이해하고 사랑하는 사람이다.

내 인생은 점점 나아지고 있고,

나는 온 마음을 다해 나를 위할 것이다.

✧

나는 나의 일에
얼마만큼 진심인가?

고독은 나를 더 깊어지게 한다

수많은 사람들과 좋은 감정을 나누며 잘 지내는 것도 중요하지만,

혼자 있을 때 나 자신과 어색하지 않게 지낼 수 있어야

진정으로 강한 사람이라고 말할 수 있다.

세상은 나를 잡아주지 않는다.

내가 두 발로 중심을 잡고 살아가자.

세상에서 나를 가장 잘 이해할 수 있는 사람은

그 누구도 아닌 바로 나여야 한다.

내가 바로 나의 전문가여야 한다.

어제의 나와 경쟁하는 오늘의 내가 되어야 한다

남에 대한 험담, 소문처럼 부정적인 이야기는 사람의 흥미를 끈다.

하지만 끝에는 허무함과 불필요한 에너지만 남는다.

그런 비생산적인 유혹에서 벗어나자.

그 에너지를 나의 성장을 위해 쓰자.

어제보다 나은 오늘을 만들기 위한 이야기들에 귀를 기울인다면,

험담과 소문은 사사롭게 느껴질 것이다.

흔들리지 않고 꾸준히 성장하는 인생을 살기 위해서는

나 자신에게 온전히 더 집중해야 한다.

농담 한마디에도 삶의 수준이 녹아있다

어른은 단어를 골라서 사용하는 사람이다.

그러므로 입에서 나오는 농담 한마디에도 책임을 져야 한다.

낮은 지성에서 나온 농담과

높은 지성에서 나온 농담은 매우 다르다.

한마디 농담은 내가 지금까지 어디에서

무엇을 보며 살았는지를 선명하게 보여주기 때문이다.

생각 없이 무언가를 바라보지 마라.

아무거나 보고 듣고 배우지 마라.

그게 다 모여서 한마디의 농담이 된다.

그 사람에 대한 감정을 모두 소진해야 잊을 수 있다

태어나는 사람보다 떠나는 사람 소식이

더 자주 들리는 시기가 오면,

소중했던 사람을 온전히 보내는 연습을 시작해야 한다.

단순히 잊어버리는 건 좋은 방법이 아니다.

오히려 최대한 자주 생각하고 자주 울어야 한다.

울고 슬퍼하며 그 사람에 대한 모든 감정을 소진해야

비로소 그를 보낼 수 있다.

지우개는 그냥 버린다고 해서 사라지지 않는다.

다 닳아서 없어질 때까지 계속해서 지워야 한다.

서로에 대한 호기심이 사라지면 사랑도 사라진다

결혼한 지 1년이 된 부부는 아직 서로에게 호기심이 많아서

매일 마주해도 서로 질문할 게 참 많다.

하지만 30년이 지난 부부는 서로에게 호기심이 없어서

무엇도 묻지 않는다.

그러나 그건 세월이 주는 착각이다.

다 알고 있다는 착각이 서로를 영원히 모르게 만든다.

나와의 관계도 마찬가지다.

오랫동안 나로 살았다고 해서

그게 자신을 잘 알고 있다는 증거가 될 수는 없다.

늘 나에게 호기심을 품고 있어야 한다.

자신을 향한 호기심이 사라진 인생에서

우리는 찬란한 가치를 기대할 수 없다.

내게 유난히 다정한 사람의 마음을 잃지 마라

내게 유독 다정하고 상냥한 사람이 있다면,

그건 단순히 그가 좋은 성격의 소유자이기 때문만은 아니다.

그의 내면에 나를 향한 좋은 마음이 가득할 가능성이 높다.

그러니 소중한 그 사람을 놓치지 않으려 노력해야 한다.

이런 사람은 묵묵히 우리의 삶에 따뜻함을 더한다.

세상에는 여전히 다정하고 상냥한 사람이 많다.

그러나 그 숫자가 자꾸만 줄어드는 이유는

그들의 좋은 마음을 악용하는 사람들 때문이다.

따뜻한 마음을 진심으로 감사하게 느끼고

되돌려주려는 노력이 필요하다.

다정한 마음이 이 세상을 좀 더

따뜻하고 살 만한 곳으로 만든다.

인생은 계획대로 이루어지지 않는다

아무리 철저하게 계획을 세우고

거기에 맞는 정보와 자료를 찾아 준비해도,

결과는 아무도 장담할 수 없다.

하지만 가끔은 잘못 탄 기차가

올바른 목적지로 나를 인도하기도 한다.

"이게 맞는 건가? 내가 잘못 시작한 건 아닌가?"

무언가 시작했다면 이제 이런 고민은 접자.

"좋아, 끝까지 가보는 거야" 하고 희망을 펴자.

수많은 '차선책'이 모여서 '최선책'이 되기도 한다.

결국 끝까지 버틴 사람이 삶의 영광을 만날 수 있다.

고민할 시간조차 아껴서 일단 뭐든 해보자

성공하지 못하고 실패를 반복해도 괜찮다.

실패나 성공의 여부는 중요하지 않기 때문이다.

시도, 그 자체를 통해서 우리는 질적인 변화를 이룰 수 있다.

처음부터 수준 높은 역량과 재능을 가진 사람은 거의 없다.

우리가 알고 있는 수많은 천재와 대가도

엄청난 양의 창조 끝에서 발전을 이룰 수 있었다.

무엇이든 많이 해본 사람은 이길 수가 없다.

지금 실패를 반복한다고 걱정하지 마라.

오히려 그건 좋은 신호다.

내게 질적인 변화가 이루어지고 있는 거니까.

5가지 소음을 차단하지 않으면
결국 남을 위해 살게 된다

1. 나를 향한 무분별한 비난과 소문

2. 온갖 종류의 압박과 명령

3. 악의적인 태도와 부정적인 언어

4. 나의 가능성을 자꾸 낮추는 말

5. 은근히 떠보는 말과 행동

새로운 길을 찾는 법

사는 내내 정석대로만 살았던 사람은

나이 들면서 점점 자신감을 잃고 무기력에 빠진다.

그 이유는 그가 안정적이고 예측 가능한 삶을 살았기 때문이다.

그는 주변 사람들이 가면 안 된다고 말리거나

남들이 가지 않았던 길을 걸어본 적이 없다.

하지만 길을 잃어야 새로운 길을 만날 수 있다.

익숙한 틀에서 벗어나야만 지금까지 발견하지 못했던

가능성과 기회를 마주할 수 있다.

길을 잃어버리는 것은

더 넓은 세상을 탐험할 수 있는 기회와 같다.

그 초대장을 자신에게 선물하자.

그럼 두려움 대신 설렘이 가득할 것이다.

Q

어떤 습관이
나를 움직이고 있는가?

A

사라지지 않는 것을 봐라

남이 나를 어떻게 부르든 그건 중요하지 않다.

그는 나를 규정할 수 없기 때문이다.

내가 살아간 세월이 나를 만든다.

나이 드는 건 조금 불편한 일이지,

불행하거나 서러운 일이 아니다.

자신의 인생을 살며 쌓은 경험과 지혜는

젊은 사람이 넘볼 수 없는 인생의 가치다.

젊어 보이는 삶에 집착하면 인생이 피곤하다.

남들의 사소한 말에 흔들리고,

결국 사라질 것에 인생을 소모하게 된다.

변하지 않는 내면의 가치를 바라보자.

그것이 우리가 진정으로 소중히 여겨야 할 것이다.

타인을 도저히 이해할 수 없다고 말하는 이유

상대방의 행동과 말을 이해할 수 없을 때

우리는 이렇게 말하곤 한다.

"아무리 생각해도 이해할 수가 없네!"

그건 누구의 잘못도 아니다.

애초에 나와 다른 한 사람을 이해한다는 건

상상할 수 없을 정도로 굉장히 어려운 일이기 때문이다.

'이해'는 사랑보다 더 크고 깊은 감정이라

단순한 의지나 노력으로 가질 수 있는 게 아니다.

그러므로 이해가 되지 않는 사람이 있다면

억지로 어떻게든 이해하려고 하지 말자.

시간이 해결할 수 있도록 그대로 두면 된다.

당신에게는 아직 꿈이 있다

한 번도 가져본 적 없는 것을 가지려면,

한 번도 해본 적 없는 시도와 노력을 반복해야 한다.

아직 내게는 살아갈 날이 많이 남아있다.

나이를 핑계로 도전을 포기하지 말자.

인생에서 결코 늦은 시기는 없다.

나는 이전보다 더 많은 경험과 지혜를 갖고 있으니

지금 시작해도 늦지 않다.

미래의 내가 흐뭇하게 웃으며

오늘의 나를 응원하고 있으니,

사소한 소음에 마음 쓰지 말고 정진하자.

소중한 마음까지 표현할 수 있어야 한다

소중한 사람에게 글과 말로 좋은 마음을 전하며

다정함의 가치를 전할 수 있는 사람이 되자.

자신의 마음을 제대로 표현하지 못하는 건,

표현에 서툴거나 어휘력이 부족해서가 아니다.

그저, 충분히 시간을 투자하지 않았기 때문이다.

상대가 소중한 만큼 좀 더 시간을 투자해서 마음을 전하자.

진정으로 사랑한다면, 그 사랑을 전할 수 있어야 한다.

외롭다고 아무에게나 마음을 주지 마라

당분간은 나의 힘으로 인생이라는 바다를 건너가 보자.

외롭다고 아무에게나 연락을 하면

나중에 후회라는 파도만 밀려올 뿐이다.

바보처럼 좋았던 과거를 회상하거나,

내가 손을 놓으면 바로 끝날 관계를 이어가려 애쓰지도 말자.

감정을 최대한 절제하고 혼자서 인생이라는 바다를 건너자.

지속적으로 사랑받는 사람의 비밀

시간이 지나도 계속해서 사랑받는 사람들에게는 공통점이 있다.

바로, 자신이 사랑스러운 사람이라는 사실을 알고 있거나,

그렇게 확신하고 있다는 것이다.

젊은 날에는 외적인 부분이 사람을 사랑스럽게 만들 수도 있다.

하지만 지속적으로 사랑을 받는 사람들은

내면의 매력을 가꾸며 스스로의 가치를 높인다.

나는 사랑받기에 충분한 사람이다.

마음이 예뻐지도록 내게 무해한 말을 자주 들려주자.

인생이 계속 비참해지는 이유

남의 성공이나 성장을 시기하는 인생은

나이 들수록 더 비참해진다.

시기와 질투는 인간의 본능이 아니라,

낮은 지성을 증명하는 최악의 감정일 뿐이다.

누군가 어렵게 이룬 것을 보며 시기한다는 건,

그 사람이 쌓은 노력과 시간을 알아볼

안목이 없어서 생기는 무지의 결과이기 때문이다.

공들인 작품을 알아볼 안목이 있는 사람들은

어떤 작품 앞에서도 질투하지 않는다.

오직 뜨겁게 경탄할 뿐이다.

진정한 사랑을 깨닫는 아름다운 순간

세상으로부터 배운 것과 받은 것을 쌓기만 하며

자기 자신만 생각하던 사람도

문득 생각을 바꾸는 순간이 있다.

그건 바로 사랑을 만났을 때다.

사랑을 깨달은 사람은 자기만을 위해서

무언가를 쌓는 삶에서 벗어나,

주변에 나누려는 삶을 살게 된다.

아깝다는 생각을 하지 않고 주변에 베푸는 삶을 살면서

우리는 진정으로 강한 사람이 된다.

나의 결핍을 자극했을 때 반발심이 생긴다

갑자기 상대에게 반박하고 싶어서

참을 수 없을 정도로 분노하게 되었다면,

상대방의 말이나 글이 나의 결핍을 자극했을 가능성이 높다.

이때 스스로 깨달아야 한다.

'이건 상대방에게 분노할 일이 아니라,

나 자신을 돌아봐야겠구나.

이 부분에 나의 결핍이 있었구나.'

주체할 수 없을 정도로 크게 분노할 때는 늘 자신을 돌아보라.

분노한 지점이 바로 나의 지적 수준이고

반박하고 싶은 지점에 나의 결핍이 있다.

시간은 결코 문제를 해결해 주지 않는다

시간이 모두 해결해 준다는 말로 나를 아무리 위로해도

마음이 편안해지지 않는 이유는 그게 정답이 아니기 때문이다.

시간은 그저 흐를 뿐, 그 시간을 어떻게 채우느냐가 중요하다.

노력하면서 시간을 보낸다면 나는 성장할 것이고,

그렇게 과거보다 더 나아지면

이전에는 보지 못했던 부분을 볼 수 있게 된다.

'그냥 흘려보낸 시간'이 아니라,

'노력한 시간'이 문제를 해결하는 것이다.

Q

◇

나를 가장 아프게
만드는 말은 무엇인가?

글을 쓴다는 건 영혼의 쉼이다

글을 쓰는 건 고생하며 애를 쓰는 게 아닌

지친 영혼을 조용히 쉬게 해주는 시간이다.

풀리지 않는 고민을 잠시 잊을 수 있고,

차분한 상태에서 나만의 시간을 보낼 수 있기 때문이다.

매일 틈틈이 글을 쓰면

매일 틈틈이 나의 영혼을 위한

최고의 휴식을 즐길 수 있다.

그래서 쓰는 사람은 결코 지치지 않는다.

삶이 힘들 때마다 자신에게

거룩한 휴식의 시간을 허락하라.

당신이 보낸 모든 시간은 헛되지 않다

아이가 바닥에 흘린 우유를 닦고 치우는 시간,
설거지를 하면서 오늘 식사 메뉴는 무엇으로 할지
고민하는 시간을 절대 아깝게 여기지 마라.
그 모든 시간은 결코 헛된 것이 아니다.
사랑하는 사람을 위해 고민하는 시간보다
세상에 더 귀한 건 없다.

누군가 걷고 싶은 길을 만든다는 생각으로 살아라

"나는 언제쯤 내 길을 찾을 수 있을까?"

우리는 방황할 때마다 정답을 찾으려고 애를 쓴다.

실패와 후회를 반복하면서도

여전히 같은 고민을 하고 있다면,

이제는 질문을 이렇게 바꾸는 게 좋다.

"왜 나는 자꾸 길을 묻기만 하는가?"

"왜 나는 자꾸 길을 찾으려고 하는가?"

"왜 스스로 누군가의 길이 되려는 시도는 하지 않는가?"

나의 발걸음이 모여서 누군가가 걷고 싶은 길이 된다.

내가 지나간 흔적이 누군가의 길이 될 수 있다면,

그 인생은 빛날 수밖에 없을 것이다.

내 마음은 내가 안아주고 위로해야 한다

우리는 세상으로부터 받은 상처를

언젠가는 괜찮아질 거라고 생각하며 방치한다.

그러나 시간이 지난다고 낫는 상처는 없다.

상처를 받았다면 그냥 지나치지 말고

치유의 말을 들려주며 부드럽게 어루만져야 한다.

"너에게는 잘못이 없어."

"점점 나아질 거야."

"모두가 다 너를 떠나도 나는 항상 네 곁에 있을게."

가장 따뜻한 언어로 나를 포근하게 안아줘야 한다.

내 마음을 치유하는 것은 오롯이 나의 몫이다.

가장 젊은 오늘, 하고 싶은 모든 것을 시작하라

인생에 대해서 조금 알게 되면,

비로소 느껴지는 삶의 진리가 하나 있다.

젊은 시절은 다시 돌아갈 수 없어서

그토록 찬란하게 빛났다는 사실이다.

우리는 젊음이 얼마나 반짝이는 것이었는지를

세월이 흐르면서 가슴 아프도록 깨닫게 된다.

그 시절에 자주 듣던 노래가 미치도록 그립고,

시간은 너무나 빠르게 지나가서

장난감을 잃어버린 아이처럼 서럽다.

그러나 이 사실을 잊지 말자.

어제보다는 조금 늙었지만, 내일보다는 오늘의 내가 젊다.

그러니 지금 가장 하고 싶은 모든 것을 시작하라.

무례함은 낮은 지성에서 오는 것이다

말도 안 되는 이유로 나를 비난하며

무례하게 대하는 사람이 있다면,

그냥 가볍게 스쳐가는 것이 좋다.

무례함은 무지에서 오는 것이니 지나치게 연연하지 말자.

하지만 그럼에도 계속 따라와서 귀찮게 한다면,

이 한마디만 던지고 가면 된다.

"조언이든 비난이든, 나는 내게

애정을 가진 사람의 이야기만 듣습니다."

무례한 상대에게는 최대한 분명한 언어로 단호히 말해줘야 한다.

화를 내는 것도 엄청난 에너지가 필요한 일이다

누군가에게 축하의 말을 전하는 것보다

오히려 화를 내는 데 더 많은 에너지가 필요하다.

분노는 우리의 마음을 흔들고 몸을 긴장시키며

생각을 복잡하게 만드는 소모전이다.

정말 소중한 사람이 아니라면,

굳이 그에게 감정을 낭비할 필요가 없다.

화가 날 땐 자신에게 물어봐야 한다.

"이 사람에게 내 소중한 에너지를 쓸 가치가 있는가?"

감정을 쓸데없는 곳에 흘리지 않아야,

꼭 필요한 곳에 쏟을 수 있다.

나에게 할 수 없다면 남에게도 할 수 없다

자신이 내뱉은 말과 쓴 글을 믿지 못하는 사람이 있다.

스스로도 자신의 언어에 공감하지 못하는 것이다.

자신의 언어에 공감할 수 없는 사람은

다른 사람에게도 공감할 수 없다.

누군가를 이해하고 공감하고 싶다면,

가장 먼저 자신의 언어에 공감해야 한다.

자신을 인정하지 못하고 사랑하지 않는 사람은

누구에게도 진정한 격려와 박수를 보낼 수 없다.

마지막 한마디를 제발 덧붙이지 마라

살다 보면 꼭 한마디를 덧붙이고 싶을 때가 있다.

그러나 그 욕구를 이기지 못하면 싸움이 시작된다.

한마디 더 하고 싶은 순간에 그 충동을 참고 넘기는 것이

진짜 어른의 품격을 가진 사람이다.

상황을 멀리 내다보고 지혜로운 선택을 한 것이기 때문이다.

참된 지성을 가진 사람은 자신의 욕구를 통제할 줄 아는 사람이다.

상대의 의지와는 상관없이 참견하고 싶은 욕구,

후련한 마음과 통쾌함을 느끼고 싶은 욕구,

상대보다 내 마음을 우선하는 욕구를 지워야 한다.

진정한 지성은 때로 침묵 속에서 꽃핀다.

생각과 말의 균형이 인생의 결과를 결정한다

생각과 말은 인생에서 참 중요한 요소다.

두 가지가 서로 균형을 이뤄야 삶이 조화롭기 때문이다.

생각이 앞서거나, 반대로 말이 앞서면 삶이 혼란스러워진다.

깊이 생각하지 않고 내뱉은 말은 일을 그르치고,

생각만 하다가 아무런 말도 하지 못하면 후회만 남는다.

가장 이상적인 삶의 태도는

생각이 넘쳐서 흐른 것만 말로 표현하며 사는 것이다.

✧
앞으로 무엇을 배우고
개척할 것인가?

이제 필사는 취미가 아닌, 생존의 문제다

사는 게 편안한 시대는 없었다. 그러나 요즘 세상은 조금 다르다. 모든 것이 너무나 빠르게 변하며, 그 안에서 마음을 현혹하는 것들이 참 많다. 지성을 기반으로 한 긍정적인 의심이 필요하다. 누군가 크게 외치는 목소리를 따라 무리를 지으며 무작정 그게 옳다고 믿는 태도를 경계해야 한다.

나는 이 책이 당신에게 하나의 방이 되기를 바란다. 그 누구의 방해도 받지 않고 자신이 걸어온 삶을 생각하며 사색에 전념할 수 있는 공간이 되었으면 한다. 그리고 당신의 내면에서 발견한 것들을 가장 선명한 언어로 표현할 수 있기를 소망한다. 표현할 수 없다면 존재하지 않는 것이다. 우리는 살아온 삶에 대해서, 그리고 앞으로 살아갈 방향을 말과 글로 표현할 수 있을 때 이 세상에 온전히 존재할 수 있다. 표현할 수 있는 만큼 내가 살아갈 반경도 결정된다.

어떤 감정이나 상황을 언어로 생생하게 표현하지 못하고 자신에게 설명할 수 없을 때 우리는 분노하곤 한다. 그렇기에 표현력이 낮을수록 나이 들면서 자꾸 화를 내며 분노할 가능성이 높아지는 것이다. 그 고통에서 벗어나려면, 그 누구보다도 나 자신에게 잘 표현할 수 있어야 한다.

나를 들여다보기에 필사만큼 좋은 것이 또 있을까? 살아갈 날들을 생각하면 이제 필사는 취미가 아니라, 생존을 위한 일이다. 한 번 필사를 마쳤다고 해서 끝이 아니다. 책에 담은 모든 지성과 사색의 결과가 내면에 깃들어 꽃필 때까지 반복해서 필사하라. 그리고 언제나 시작이 기적이라는 사실을 잊지 마라.

어른의 품격을 채우는 100일 필사 노트

1판 1쇄 인쇄 2025년 2월 12일
1판 1쇄 발행 2025년 3월 5일

지은이 김종원
펴낸이 고병욱

기획편집2실장 김순란 **책임편집** 김지수 **기획편집** 권민성 조상희
마케팅 이일권 황혜리 복다은 **디자인** 공희 백은주
제작 김기창 **관리** 주동은 **총무** 노재경 송민진 서대원

펴낸곳 청림출판(주)
등록 제2023-000081호

본사 04799 서울시 성동구 아차산로17길 49 1010호 청림출판(주)
제2사옥 10881 경기도 파주시 회동길 173 청림아트스페이스
전화 02-546-4341 **팩스** 02-546-8053

홈페이지 www.chungrim.com **이메일** life@chungrim.com
인스타그램 @ch_daily_mom **블로그** blog.naver.com/chungrimlife
페이스북 www.facebook.com/chungrimlife

ⓒ 김종원, 2025

ISBN 979-11-93842-28-7 03190